ES TIEMPO DE COMPRENDER NUESTRA MISION EXISTENCIAL

Sinceramente, espera te guste mi libra. Porque tiene un gran mensaje para ti. Si quieres contactarme mi informacion esta abajo.

Antonio Ruiz tonyruizgadu@ verizon.net
facebook.com

Youtube - Tonygadu777

CONTENIDO

Nací en Caracas Venezuela en 1970, fui adoptado por la familia Ruiz (Mi familia).

Lleve una vida normal hasta los 14 años.

En 1984 comenzaron los problemas renales, se me hinchaban los pies y el cansancio era constante. Después de una serie de estudios los médicos determinaron que mis exámenes de sangre no estaban compatibles con la vida y que mis riñones dejaron de trabajar. Irremediablemente tuve que asistir a la máquina de diálisis por dos años. Yo no sabía que estaba pasando en mi vida y porque.

A partir de ese momento comenzaba el proceso de la vida a mostrarme cuales serian mis aprendizajes, debiendo pasar en muchos casos de la luz a la oscuridad y viceversa.

En enero de 1986 ingrese a una lista de espera para recibir un órgano, y en mayo de ese mismo año el hospital Universitario de Caracas me llamo, había un riñón compatible con mi grupo sanguíneo y tejidos de piel. Esto cambio ml vida, a partir de ese día mi cuerpo recupero todas sus energías y aunque debía tomar un tratamiento anti rechazo diariamente, todo era completamente normal. Pude terminar mis estudios y en 1991 nace mi primera hija, mi princesa Karla, en 1993 nace mi segundo hijo Jorgito.

En 1995 gracias a mi padre adoptivo recibo la residencia americana y vengo a vivir a new York; estudiando y trabajando mi vida era completamente normal. En 1998 comienza el cuerpo a presentar síntomas de rechazo al trasplante, irremediablemente por más que lo intente no se pudo hacer nada para salvar el órgano, debiendo ingresar a la máquina de diálisis en el hospital Montefiore del Bronx.

Después de batallar con varias complicaciones, en el año 2002 viajo a Venezuela y regreso a vivir a New York con mis hijos.
Fue su amor espontaneidad y compañía lo que me dio gran fuerza y me ayudo a soportar la tremenda carga existencial que era someterme a la máquina de diálisis tres veces por semana.

Después de muchas experiencias de dolor, crecimiento y reflexión, el 10 de mayo del año 2006 (mi cumpleaños) suena el teléfono, New York Presbyterian Hospital, me llaman tienen un riñón compatible con mi grupo sanguíneo y tejidos de piel.

Después de casi 9 años viviendo en diálisis, fue verdaderamente una sorpresa, era algo que yo no esperaba. A partir de ese momento ha sido todo en mi vida un constante proceso de aprendizajes reconocimientos y comprensiones.

Hago silencio recuerdo el pasado, miro el presente y casi no puedo ver el futuro. He aprendido a ser muy cuidadoso de lo que expreso y de la energía que libero según mis emociones ya que todo lo que hablamos representa lo que estamos creyendo y pensando y tiene gran peso de realización en nuestro campo existencial.

Pero cuando estoy solo y realmente experimento la calma, la quietud interior. Pienso y siento, debo ser honesto me siento cansado, son 25 años de mi vida tomando medicación para mantener los órganos y poder seguir viviendo en este cuerpo.
Entonces, tome una decisión importante.

"CADA DIA DE MI VIDA ES MI ULTIMO DIA"

Y ahora habiendo asumido con gran responsabilidad las consecuencias de todos los aciertos y desaciertos en mi paso por la vida. Sigo siendo un hombre en proceso de evolución, con pleno control de todas mis emociones, capacidades y potencialidad mental.

Soy un hombre consiente y siempre procuro ir más allá de la lógica humana, para no dejarme afectar por la negatividad e incredulidad de muchos seres.

He aprendido realmente a estar en silencio a dominar mis momentos internos para acceder a otras realidades, lugares a donde mis deseos de vivir se proyectan, ampliando mis estados de conciencia, visión y comprensión del porque de todas las experiencias vividas.

Mi campo existencial, mi campo áurico espiritual, vibran en frecuencias elevadas. Puedo percibirlo, sentirlo, mas no explicarlo, es una energía superior que constantemente me observa, me sostiene, me protege, me orienta. Lo único que sé, es que..........

ENTRE EL CIELO Y LA TIERRA SE DESARROLLA LA EXISTENCIA, EN MEDIO MI VIDA Y EN MI INTERIOR MI
NATURALEZA EN INALTERABLE QUIETUD

ESTOY A SALVO Y CRECIENDO

AGRADECIMIENTOS

Saber reconocer y agradecer, es una parte importante en la realización de todo ser humano, y son muchas las personas que por intuición propia y sentimiento creyeron en mi, colaborando en mi proceso de expansión.

Con todo mi corazón e intensiones más profundas de un hombre que lucha incansablemente por ser feliz y sin temores le da la cara a la vida les agradezco a:

Mi familia adoptiva Ruiz y Blanco, por todo el amor que siempre me dieron desde que llegue a sus vidas y forme parte de ellos.

Especial dedicatoria a Don Danilo y señora Amparo por toda su ayuda, comprensión y por todo el conocimiento que me transmitieron.

A mi amigo Irving Bermúdez por todo su respaldo en uno de los momentos más difíciles de mi vida.

A mi amiga y hermana Amelia Santodomingo, por ser mi más incondicional amiga.

Dr. Marcos Rothstein de Washington university en St. Louis Missouri por su buena voluntad, disposición y palabras de apoyo para orientarme con mi transplante.

Señora Bethania Mateo, por su honesta atención y cariño para conmigo y con mis hijos.

Sra. Joanna Camacho Rivera y la Dra. Zeynep Ebcioglu del Hospital Columbia Presbyterian en la ciudad de New York.

A mi amigo Carlos Manuel Correa de New Jersey por toda su desinteresada ayuda.

Señora Miriam Mejía de Alianza Dominicana.

Gracias a la ciudad de New York y todos sus sistemas, salud, educación, inmigración y vivienda.

Valla para todos mis más honestos agradecimientos y buenos deseos.

El Ojo Existencial
Esta En Todas Partes
Todo Lo Sabe Todo Lo Ve

Es El Tiempo De
No Hay Tiempo
No Hay Distancia
No Hay Limitacion
Que Suceda Lo Que Tiene
Que Suceder.
Un Reino Profundo
De Conciencia Superior
Se Expresa Y Se
Manifiesta
En El Planeta Tierra
Aqui Y Ahora.

PRESENTACION

El ser humano es arquitecto de su destino, evoluciona y crece según sus capacidades para tomar decisiones y elegir sus creencias, siendo completamente libre para crear en su mente la imagen necesaria para orientarse, este es un derecho adquirido individual e intransferible, y no es más que la fuerza creativa que da forma y gesta, por tal motivo cada ser humano es su propio pensamiento y creencia.

Un ser inocente es manejable, descontrolable y vulnerable a la depresión y a la maldad, por eso se busca reconocer la fuerza interna, potencializando nuestra individualidad, para enfrentar la vida y tener pleno control de nuestras emociones.

Compañeros del planeta tierra, en cada título de mi pequeña obra, encontraran un mensaje que les permitirá escudriñar y palpar en su fibra más profunda, el sentimiento más honesto, ese que gesta sus deseos y hace contacto con su ser mas intimo, el origen del verdadero poder de nuestras capacidades como seres pensantes.

Súper hombres más evolucionados en un más alto nivel de conciencia, sabiduría y jerarquía espiritual lo confirman.

En profundo silencio ellos nos ayudan a captar la idea del don más preciado que posee el ser humano, la libertad y la capacidad de poder tomar sus propias decisiones. La justa administración de ese derecho, nos garantiza el crecimiento interno.

Para ello hay que trabajar con fuerza y convicción, no desmayar en el esfuerzo de crecer en voluntad y actitudes positivas.

Este es mi apoyo a la humanidad, pretendo ayudar a despertar a ese ser interno que gesta y genera la fuerza que nos impulsa a ser humildes, honestos y exitosos.

QUE HAY ENTRE EL BIEN Y EL MAL

El diablo, Satanás, Lucifer, demonios o todo aquello que represente lo negativo, y que induce a conductas y creencias impropias. Creencias que te alejan de la luz y que se aprovechan de las reacciones automáticas o instinto animal del ser humano, impulsándolo a agredir, a vengarse a mentir, deteniéndolo en la oscuridad en la ignorancia.

Todo es un proceso por la jerarquía potencial de "DIOS" desde su conciencia superior, como único dueño y creador de todo conocimiento; para que el hombre aprenda con el resultado de sus errores.

Hasta que llega el momento en que saturado de sufrimientos y de tanto equivocarse, sabe hacer silencio. Proyecta y orienta su mente hacia lugares más allá del plano físico; donde consigue información superior y sus estados de conciencia se expanden, encontrando siempre lo positivo en todo y en todos. Empezando a vivir una vida llena de luz, evolución y crecimiento espiritual, en un perfecto control de todas sus energías internas, emocionales, mentales y físicas.

Recuerda el diablo siempre tratara de confundirte, para eso fue creado. Tú tienes el potencial para permitirlo o no, solo abre tu mente y tu corazón.

Hablemos claro, todos sabemos que el bien y el mal existen y que las opciones de hacer lo correcto o no siempre están dentro de nosotros.

"Además no existe un ser que no sepa cuando está actuando mal".

CUENTO

Los demonios me dijeron, un día que estaba yo lleno de ira y rabia, planificando una venganza. Te lo podemos cumplir, pero recuerda. Hay un infierno, oscuro y sin ventanas. Lleno de mediocres y creídos inútiles, esa será tu recompensa.

Hice silencio y dentro de mí, estaba la orientación correcta.

Imagen del rostro de Maestro guia espiritual que se plasmo en mi mente durante una meditación.

EL PLANETA

Hay mucha información en el planeta que pretende poner en duda la existencia de la inteligencia superior, que es la raíz y el origen de todo conocimiento.

La tierra está cercada de distintas maneras y formas por energías negativas. Ellas parten de la oscuridad encarnan cuerpos físicos y abusan de su poder mental. Declarándole la guerra psíquica a la humanidad, con el fin de manipular a aquellas personas débiles de voluntad y de carácter.

La única ventaja que poseen estas fuerzas negativas o satánicas sobre la humanidad, es que poco a poco han ido conociendo nuestras debilidades. Por eso es realmente importante tomar conciencia de nuestros potenciales, tanto mentales como espirituales.

El planeta tierra ha demostrado tener un espíritu propio muy especial, día tras día nos lo demuestra, dotándonos de todo lo necesario para desarrollar nuestra misión de vida.

"pero poco a poco este se deteriora"

Una acción en cadena de todas nuestras razas y culturas en la práctica del silencio. Visualizando e imaginando un planeta en orden en paz en constante crecimiento, dejando de ver la evolución como único beneficio para obtener bienes materiales, sería un gran avance para todos, ya que todos respiramos el mismo aire, aire que este nos proporciona y todos somos parte del todo, que es la unidad existencial.

Allá por encima de la superficie donde nos acostumbramos a vivir hay paz natural, belleza y una fuente de poder inexplorada, el camino de acceso es el silencio, el resultado es la transformación en la calidad de pensamientos, sentimientos, actitudes y comportamiento.

Les deseo a todos lo mejor y más bonito en esta travesía existencial que llamamos vida.

CAMINO A LA EXPANSION

El ser humano actualmente está en la búsqueda del camino espiritual pero de manera confusa, no saben lo que buscan, ni lo que pueden hallar y menos aún están dispuestos a encontrar a través de la vía del trabajo interno; que puede ordenar sus ideas, aclarándoles la ruta y el motivo del viaje de la vida.

Más bien buscan atajos y nuevas sensaciones, emoción y no comprensión, sensación y no entendimiento, poder sobre todo y todos y no autodominio.

La verdadera capacidad que nos permite encontrar el equilibrio en una vida espiritual llena de paz, evolución y crecimiento, comienza dentro y no fuera. Volver la mirada hacia nuestros sentidos, espíritu o esencia de vida, no hará que se pierda absolutamente nada de lo logrado hasta hoy; muy por el contrario todo tomara un matiz muy diferente y verdaderamente habrá una gran expansión mas allá de los límites de la razón para acceder a otros reinos donde la verdad es más que una lógica de la mente de hoy.

Recuerden: No hay nadie por muy sabio que sea que no tenga algo que aprender y nadie por muy humilde que sea que no tenga algo que enseñar.

Hagamos silencio proyectando nuestros estados de conciencia al encuentro con la comprensión superior, mente cósmica universal, lugares infinitos donde no hay tiempo, distancia ni limitación.

LO UNICO VERDADERAMENTE VISIBLE
ES LO INVISIBLE

ESTRELLAS INFINITO COSMO IMAGINACION REALIZACION

RIQUEZA JERARQUIA SABIDURIA

UNIVERSO COMPRENSION EVOLUCION

PERCEPCION PROFUNDA AMPLIA CONOCIMIENTO AMOR

SALVO LUZ, AMOR BUSCO ENCUENTRO RIQUEZA NUEVO CAMBIO

Entidad Masculina
De Luz
Fuerza Ilimitada
Expresada

METAS CONCRETADAS FUERZA

PROYECCION CONSTANTE PUNTO REALIZACION ENERGIA SOSTENIDA

FUERZA TOTAL EXPANSIVA

FUERZA QUE PERMITE PERFECCION

DIMENSION QUE IMPULSA MI PROCESO DE EVOLUCION AQUI Y AHORA

ORDEN UNIVERSAL ALTO ORDEN DE SABIDURIA CONFIRMACION

VIDA BIENESTAR ABUNDANTE TODO SENTIDO

La jerarquía que preside el cielo, la potente energía universal y todos sus componentes. Cosmos, estrellas, planetas, soles, lunas, galaxias, la tierra y sus cuatro elementos; agua, fuego, tierra y aire.

Estrella de seis puntas, síntesis entre lo material y lo espiritual la unión entre el cielo y la tierra. La fusión del amor y el equilibrio con la materia y el conocimiento.

Cada uno de los conceptos que rodea la estrella de la conciencia representa las estructuras que ordenan la vida y que genera grandes capacidades al intelecto humano.

Cada concepto analizado desde amplia percepción del querer, pueden definir el destino del hombre e influir en sus decisiones y en su capacidad de saber manejar su libre albedrio, es decir su capacidad de comprensión.

Desarrollando energías vibratorias del espíritu, en conexión con nuestra intención original al encarnar un cuerpo físico. El amor, el respeto propio y el agradecimiento al proceso existencial.

Por esta razón, si desean practicarla deben hacerlo con convicción y no con fe, la fe es la seguridad de lo que no se ve y es materia de religiones y de organismos extraños a nuestras intensiones de vida.

La convicción parte de nuestros deseos y procesos creativos propios, nuestras vibraciones internas. El poder que nos impulsa con disciplina, fuerza de voluntad, carácter y personalidad positiva a desafiar los limites de nuestra propia libertad, sabiendo ir todavía más allá, superando el miedo a lo desconocido, superando el miedo a la realidad de lo incierto.

Abriendo toda sensibilidad para percibir a través de la conciencia superior una sola realidad, la realidad única que nos conecta con la verdad no percibida por muchos seres humanos, aquellos de mentalidad estrecha y primitiva.

La realidad del verdadero camino para trascender los límites de nuestras propias lógicas. Accediendo a los grandes reinos de la mente y hacer un perfecto uso de la herramienta más poderosa que posee el ser humano, la energía invisible que pude construir y hasta destruir.

"LA ENERGIA DEL PENSAMIENTO"

La llave que puede abrir puertas entre las dimensiones, así como puede ampliar las conciencias."Pero solo cuando esta energía es bien empleada por alguien honesto y puro de corazón".

Pensar es un proceso maravilloso, trasladarnos a bellos lugares en segundos. Nos demuestra que poseemos una capacidad infinitamente mayor a la que utilizamos para vivir. Y.......

LA REALIDAD: UN GRAN SISTEMA DONDE TODO TIENE CONCIENCIA.

EXECUTIVE OFFICE OF THE PRESIDENT
THE WHITE HOUSE
1600 PENNSYLVANIA AVENUE, NW
WASHINGTON, DC.20500

Sr. Presidente Barack Obama, Primera dama Sra. Michelle Obama. Sr. Vicepresidente Joe Biden. Y demás personal administrativo de la casa blanca, primeramente les saludo con mucho respeto y me dirijo a ustedes como ciudadano Americano y como un ser humano que ve con regocijo las grandes oportunidades de cambio que se están presentando ahora, para la evolución de este país y a su vez para el mundo entero.

Sr, Obama es su presencia en el cargo que ocupa, como presidente de LOS ESTADOS UNIDOS DE NORTE AMERICA, la firme prueba de los cambios en los estados de conciencia del ciudadano de este país, y de la humanidad del planeta tierra.

Es la necesidad mundial y el deseo más profundo del nuevo ser interno que está despertando a otra realidad; y que quiere dar paso a nuevas mentes que sepan gobernar al mundo. Es el momento de desplazar definitivamente a todos aquellos seres u organizaciones que quieren resolver los conflictos a través de la guerra o las imposiciones; generando miedo, presión y desconcierto. Movidos por intereses propios, que no les permite ver más allá de lo que tienen ante sus ojos, y que solo desean fomentar la vida egoísta y común. Seres que no comprenden ni su propia existencia.

El poder, la ambición, la inquietud, la curiosidad, el conocimiento pueden convertirse en la humillación del hombre o en los más grandes logros y descubrimientos en su paso por la vida.

Señores de la casa blanca, en la dirección de los nuevos destinos; el compromiso primero que nada debe ser, con la máxima perfección individual posible, quiero decir o hago referencia señores, a la práctica del silencio.

Esos momentos de quietud y soledad donde experimentamos la calma, un estado de paz interior. Que nos permite palpar e intimar; con nuestra fibra más profunda, aquella que gesta y fortalece todas nuestras capacidades como seres pensantes. Es ahí cuando nuestra mente, deseos y corazón se unen en una sola energía, entonces nuestro ser interno se eleva a niveles superiores de la conciencia; ampliando considerablemente nuestra visión y concepto de la evolución existencial. Potencializando nuestra misión de vida.

Señores los cambios están ya latentes en los estados de conciencia de la humanidad entera. No hay distancia, no hay limitación. Esta es una gran verdad, es la verdad iluminada en la voluntad de las nuevas conciencias ya existentes. La unidad existencial se está expresando. Y quiere vivir en un mundo mejor.

El mundo ideal no existe, por lo tanto hay que crearlo todos los días en todo lugar, con la conciencia despierta y actitudes positivas que influyan sobre el ambiente y las demás personas.

Lo que de manera justa sepamos mostrar ayudara a modificar viejos patrones conductuales. Esto sin duda alguna, nos garantiza el crecimiento y el éxito en cualquier campo de batalla. Bien sea económico, social, cultural o de salud. Lo más importante es el impacto en el subconsciente del colectivo; que día a día sale de sus hogares con la intensión de mejorar en todo sentido.

Los que queremos el bien y trabajamos incansablemente por preservar y fomentar el respeto a la vida, al buen criterio y por un proceso existencial cada vez mejor, somos la mayoría.

"SOMOS INFINITOS DENTRO DE UN LIMITE DE PIEL
EL ORIGEN NUESTROS DESEOS, EL LIMITE LA
REALIZACION
Y EL SILENCIO, DICE LO QUE DICE, SIEMPRE LO
CORRECTO"

SEÑOR PRESIDENTE, AMIGOS DE LA CASA BLANCA

NO ES TARDE Y SI PODEMOS.

June 18, 2009
EXECUTIVE OFFICE OF THE PRESIDENT
THE WHITE HOUSE
1600 PENNSYLVANIA AVENUE, NW
WASHINGTON, DC.20500

Sr. Presidente Barack Obama, Primera dama Sra. Michelle Obama Sr. Vicepresidente Joe Biden y demás personal administrativo de la casa blanca, nuevamente les saludo con mucho respeto y me dirijo a ustedes como un integrante más de la familia norteamericana.

La verdadera intención de todo plan de gobierno debe ser orientar sus capacidades siempre en dirección a un conocimiento más amplio, y así fortalecer su capacidad de gobernar. Los retos, los desafíos, los conflictos forman parte de todo proceso de expansión y reconocimiento.

Actualmente hay mucha energía de ondas de pensamientos y sentimientos con grandes expectativas respecto a la gestión de su administración, desafortunadamente muchas personas no manejan bien o de manera positiva la energía psíquica pensante, convirtiéndose en simple ambición y deseos de solo satisfacer sus necesidades. Sumado a esto está la participación de personas y organizaciones que trabajan afanosamente con el fin de manipular las creencias y los pensamientos de muchos seres humanos, aquellos débiles de espíritu y voluntad, asegurándose de convencerlos de que nada está bien y hacerlos dependientes de un concepto negativo de la vida, para que cualquier intento de cambio este condenado al fracaso.

Con toda seguridad, estas imposiciones generadas a través del miedo, el desorden, la confusión y los fanatismos, de nada sirven frente al equilibrio y la estabilidad que proyecta el deseo más profundo del ser humano, que busca incansablemente un porvenir mejor, y ese deseo básicamente es el motor y el motivo de la presencia de ustedes como administración en la casa blanca.

La proyección de pensamientos positivos y actitudes firmes con equilibrio, más que una necesidad es una urgencia, ya que los mensajes enfocados con atención a la principal herramienta creadora del ser humano "el pensamiento" y una motivación constante hacia lo positivo, nos garantiza avenidas más amplias y limpias para desplazarnos en el desarrollo de un mejor y más fuerte plan de gobierno.

A medida que de manera justa y responsable sepamos manejar la energía en masa de los pensamientos positivos que fluyen del estado mental interno del colectivo activaremos las vibraciones de nuestro entorno, transformando todo sentimiento bien sea de ambición, deseo, venganza o necesidad de negativo a positivo.

Aumentando también nuestras percepciones e intuiciones, creando condiciones externas para acceder a una mejor capacidad de hallar soluciones. Ya que los pensamientos positivos son la mayoría.

El perfecto manejo de toda esta energía psíquica pensante, que posee cuerpo y forma; y que se adhiere de manera acumulativa a las estructuras de la materia, nos permitirá enfrentar todas las circunstancias de la naturaleza que sea, con equilibrio serenidad y entereza. Transmitiendo mas valores, fuerza y seguridad a la población.

Sera entonces cuando no importe la posible oscuridad exterior, por cuanto los pasos que se den serán intuitivamente seguros, y a su vez consientes de ser guiados por la re conexión alcanzada con la voluntad superior e interior del ciudadano de este país y la humanidad del planeta, aquella que solo desea saborear y palpar una vida más prospera. Y dar pasos firmes dentro de un sistema social y político que permita un desempeño verdaderamente ético y moral. Estaremos pues estimulando la voluntad creadora en todos los ciudadanos y en especial en todos los inmigrantes, para agradecer la oportunidad de estar en este país.

Lo más importante es que cualquier intención negativa o de ataque planificado por mentes mediocres se hará cada vez mas inofensiva, hasta poder verlas reducidas a la nada.

Señores de la casa blanca, les repito los cambios son ya, no hay distancia ni limitación, el contacto con los distintos estados evolutivos y expansivos de la vida en todos los estado de conciencia y en conexión con el espíritu universal del planeta tierra, se está expresando desde su sentir más profundo. Y está presto a colaborar para disminuir en un gran porcentaje la miseria, la ignorancia y degradación espiritual en la cual viven gran número de los habitantes del planeta; y no se considerara justo que continúe tal deterioro tomando en cuenta que hemos encarnado cuerpos físicos en un planeta supremamente rico. Hay una multitud de personas, integras, generosas y de espíritu abierto que se han revelado en contra de las guerras, con el fin de derrumbar sus falsas leyes y que desean sustituirlas por verdaderas concepciones de acción constructiva, y cuya conciencia no está dispuesta a tolerar más fracasos ni desequilibrios políticos.

"Esta es una gran verdad, tan cierta como que necesitamos el aire para respirar"
Ha llegado el tiempo en que todas las cosas serán renovadas y si Tomamos conciencia de que somos arquitectos de nuestro destino será mas grande aun el triunfo si emitimos sentimientos amistosos de Confianza y de bienvenida, por supuesto siempre alertas y con una bien fuerte y establecida percepción de la evolución existencial.

Es muy fácil solo hay que proyectar ese deseo, ya que la continua búsqueda de conocimientos, respuestas y conceptos terminan y se encuentran dentro de nosotros, y todo llega cuando uno es capaz de hacer silencio y entrar en la dimensión de la quietud, el espacio interno de pura conciencia, la conciencia misma.

Amigos de la casa blanca la conciencia y los destinos están dados de la mano para un gran porvenir, ya es el tiempo y si creamos nuevas causas con toda seguridad veremos nuevos efectos. Y esta es la mejor forma de acceder a los pensamientos positivos de los norteamericanos y a su vez, aun más allá a la de todo el planeta. Haciendo más fácil la gran meta deseada, la realización de todo pueblo, vivir en paz en evolución y crecimiento constante.

Señor presidente, todo hombre y todo gobierno que adquiere grandes responsabilidades, "que sabe lo que sabe" y que se conduce con gran positivismo y lealtad a la confianza que se le ha dado. La voluntad de ese hombre y de ese gobierno no conoce límites, no tiene más que hablar, todos los elementos oyen su voz, obedecen gustosamente su voluntad y en un momento todo es hecho.
Yo en lo particular seguiré trabajando por llevar los mensajes de evolución y crecimiento, por fomentar el respeto a la vida y por hacerme eco de todos los seres de buena voluntad, de actitud firme ante cualquier reto y con grandes criterios de expansión y evolución.
Que por supuesto somos la mayoría.

Solo quien es honesto, sabe hacer silencio
Le corresponde escuchar la verdad
Construye una voluntad inquebrantable
Y no desafía lo incierto, lo supera.

Señor presidente, amigos de la casa blanca
El tiempo es ya, no hay distancia ni limitación.
El éxito es nuestro

La honestidad molesta y estorba a las grandes sociedades, quienes en una gran mayoría han formado sus grandes núcleos y templos de poder económicos a través de peticiones a grandes manipuladores satánicos. Entidades mediocres que deambulan, ofreciéndoles cuerpos y otras alabanzas a favor de riquezas materiales.

Estos señores intolerantes, enemigos del buen criterio y quienes en una gran mayoría dirigen la tierra, tienen la tecnología secuestrada accediendo a grandes puestos de poder y medios de comunicación, desde donde se les facilita mantener la ignorancia y la confusión, siempre pintando perfectas oportunidades de crecimiento, encubriendo tenebrosas intensiones y con la firme intención de que nadie pueda acceder a la verdad. Ya que sus proyectos humanos siempre están desvinculados de lo que realmente es necesario. Guiados por un instinto cruel y corrupto, sin ética ni moral.

Estos señores en una falsa postura de grandeza, de pobres creencias y con muy bajo grado de evolución alcanzado; no midieron las consecuencias de sus acciones y cometieron un grave error al querer someter las leyes de la naturaleza y de la creación a sus caprichos.

Ahora ellos responderán directamente ante las leyes cósmicas que ya han creado una fuerza de poder con conciencia, dirigido por la jerarquía espiritual de la madre tierra, dimensión que impulsa el proceso de la evolución en los seres humanos y en todos los niveles de conciencia. Es una orden superior directa por el que nos ha creado y la potente energía renovadora de la madre tierra.

No hay más oportunidades y ellos lo saben, no tendrá sentido aparentar pues solo será temor a perder su poder, un poder que solo vive en la sombra y que con toda seguridad vera caer todos los sistemas a través de los cuales funcionan a nivel económico, social, cultural, educativo y político.

Como quiera que lo miren, usen la energía mental y tecnológica que quieran, hagan lo que hagan. Señores *LA GUERRA ESTA GANADA* es una orden superior guida por la ley de evolución existencial y los cuatro elementos, aquellos que impulsan, generan y conservan la vida en el planeta. Se ha tendido una red electromagnética en forma de cubo con esferas altamente cargadas con energía de naturaleza eterica y física en todo el globo terrestre que captura y hace inofensivas todas las acciones; que se originan y se reflejan en los mediocres símbolos de sus pensamientos y energías vibratorias internas por tal motivo el aire que estos intolerantes respiran es controlado.

Esto significa que mientras más utilicen energía psíquica pensante para generar odio, venganza o hacer invocaciones de entidades oscuras en bajo astral o de cualquier otro nivel espiritual y que no sea con propósitos de bien. Se produce inmediatamente la anulación de la gravedad en sus cuerpos físicos, campo áurico y campo energético mental bloqueando las vibraciones de su ser espiritual, disminuyendo considerablemente la llegada de oxigeno al cerebro; anulando su potencial ofensivo o cualquier intento de alto grado destructivo. Siendo sometidos sin ningún tipo de contemplaciones a la ley de causa y efecto.

SE LES REPITE ES UNA ORDEN SUPERIOR GUIADA POR LA LEY DE CONCIENCIA UNIVERSAL, UNICA RESPONSABLE POR PRESERVAR Y CONSERVAR LA VIDA EN TODOS LOS ESTADOS DE CONCIENCIA Y EVOLUCION. NO HAY MAS TIEMPO. QUE SUCEDA LO QUE TIENE QUE SUCEDER. SOLO A LAS PERSONAS RESPETUOSAS DE LAS LEYES UNIVERSALES SE LES OTORGARA DERECHO A CREAR NUEVAS REALIDADES.

Mensaje que se transmite fuera de las leyes mentales ordinarias.

Proteccion Del Planeta
Red Electromagnetica
En Forma De Cubo con Esferas De Energia

Esfera De
Purificacion
De La Atmosfera

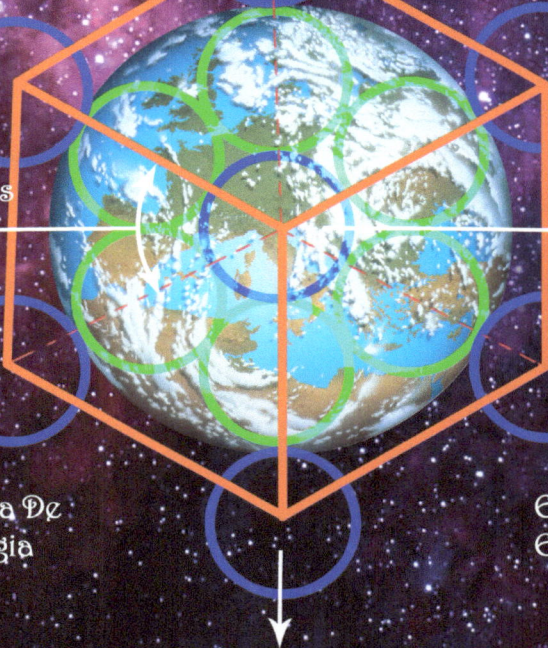

Esfera De
Observacion
Telepatica

Esfera De
Observacion
Telepatica

Esfera De
Percepcion
Sencible
A las Emociones
Emgloblan
A cada
Persona
Lugar
en La
Tierra

Esfera De
Monitoreo

Esfera De
Energia

Esfera De
Energia

Esfera De
Purificacion
De La Atmosfera

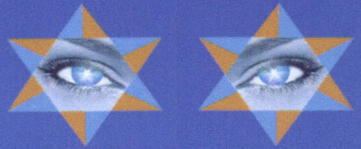

LOS CONCEPTOS DE EVOLUCION
Y EXPANSION EXISTENCIALES
PARTEN DESDE NUESTRAS
PROPIAS LOGICAS Y CREENCIAS.
POR TAL COMPROMISO CON
NOSOTROS MISMOS
SOMOS ARQUITECTOS DE
NUESTRO DESTINO.
SIEMPRE ALERTA Y EXPRESANDO
MAYOR EQUILIBRIO Y CAPACIDAD
ENTIENDO QUE LA CALIDAD DE
NUESTRA VIDA
DEPENDE DE LA CALIDAD DE
NUESTROS PENSAMIENTOS.

EL LIBRE ALBEDRIO

El libre albedrio es lo más sagrado que ha recibido el hombre del creador, ser consientes de esto es ser consientes de nuestra libertad. Y en un mejor y más amplio sentido es ser consientes de todo el potencial que genera nuestra mente en capacidades de comprensión y entendimiento.

En un perfecto uso de este derecho y con una fuerte y bien establecida personalidad, carácter, disciplina, fuerza de voluntad y determinación no permitiremos que nada ni nadie gobierne nuestra conciencia.

Desde que encarnamos en nuestros cuerpos físicos y hacemos nuestra primera inhalación de aire, adquirimos un compromiso, el gran compromiso con nosotros mismos y con nuestro querer más profundo, la idea original que nos identifica con todo aquello que le da sentido y forma a una vida prospera y evolutiva.

Cualidad original de todo ser humano, el instinto psíquico y espiritual que ya debe ser despertado, para alertarnos cuando llega el momento de tomar decisiones y enfrentar grandes retos, ya que el proceso de la vida muestra muchos caminos, entre ellos gran cantidad de religiones y creencias diseñadas para convertirnos en seres dependientes de conceptos que solo pretenden manipular nuestro sentido de orientación.

Es bien importante entender el concepto de "LIBRE ALBEDRIO" ya que todo lo que ocurre de naturaleza constructiva y destructiva es el resultado de este, que a su vez es parte activa de la voluntad creadora.

Tomar el control de nuestras capacidades es acceder al coraje sobrehumano que nos permite dominar cada acción, cada pensamiento, desarrollando el poder perceptivo que no le da paso a la corrupción ética, moral y espiritual que por demás aniquila el sentido superior del ser humano.

Esto es nuestro "LIBRE ALBEDRIO" tener pleno equilibrio de nuestro mundo interno y externo y todo lo que estos encierran. Espiritual mental, emocional y físico.

Compañeros del planeta tierra, el aire que respiramos, la tierra que caminamos, sus climas, sus mares, el alimento que tomamos todo se presenta para el perfecto desarrollo existencial.

Entonces hagamos un alto y pensemos en todas las oportunidades que nos da el derecho a la libertad de ser lo que queremos ser. Siempre actuando debidamente orientados por el sentido más profundo de nuestra mente y conciencia existencial.

El derecho que nos corresponde por ley de nacimiento y evolución, el libre albedrio, la libertad el don más preciado que existe en el universo mental, su justa administración garantiza el crecimiento interno. El respeto a las decisiones de cada uno y el sumir las consecuencias de los aciertos y desaciertos en ellas, constituye la dinámica de la evolución.

Ya debemos despertar y formar parte activa de nuestra voluntad creadora, la gente dormida y programada es la más fácil de controlar y manipular por la sociedad, si aceptamos esta idea con toda seguridad desarrollaremos gran disciplina.

Solo una persona disciplinada potencializa todas sus capacidades e individualidad, porque la disciplina fortalece la voluntad y una fuerte voluntad impide la manipulación emocional y social.

USO MI LIBRE ALBEDRIO CON EL FIN DE SER EL MEJOR PROGRAMADOR DE MIS PENSAMIENTOS. CON EL FIN DE TENER UNA MEJOR VIDA Y COLABORAR A CREAR UN MUNDO MEJOR.

DUALIDAD Y POLARIDAD DE LA VIDA.

Vivir experiencias emociones y sensaciones que conducen al ser humano a un amplio conocimiento de la polaridad, en un mundo mental interno, donde hay estados, etapas, y momentos que transitamos, debido al resultado de nuestras decisiones. Entonces cuando hacemos un alto para entender, que frio y caliente son lo mismo, son los dos extremos de una misma cosa llamada temperatura.

"El equilibrio, lo verdadero esta en el centro".

Los polos opuestos forman parte de un largo proceso de expansión. Vivir y reconocer la luz y la oscuridad, la salud y la enfermedad, la riqueza y la pobreza, la sabiduría y la ignorancia, la felicidad y la tristeza, el amor y el desprecio, la compañía y la soledad, el orden y el desorden, el silencio y el bullicio, la ausencia y la presencia, triunfo y fracaso.

Todo un mundo de dualidad; donde no tienes elección. Porque así como disfrutaste de lo bueno, de la abundancia y de los placeres; al no ser prudente e ignorar los procesos de aprendizajes. La ley de causa y efecto es implacable, y te pone de frente con el lado opuesto, con las limitaciones, no pudiendo darle la espalda.

¿Destino, inmadurez, ignorancia, prepotencia, orgullo o error?
"Solo el ignorante ve tragedia en estos procesos"
"Es necesario abrazar y conocer el lado oscuro de la vida
E intimar con él, si uno quiere librarse de él."

El ser humano que sabe, reconoce el efecto y el sabor de las experiencias vividas, conduce sus emociones a donde no va más allá de lo permitido por su conciencia, busca su propósito y en él se mantiene, una vez superados los cuatro grandes miedos que rodean al ser humano.

El miedo a perder   *El miedo a la soledad*
El miedo a enfrentar   *El miedo a morir.*

Sabe comprender que es verdad al enfrentar los extremos vividos, desarrolla gran disciplina que fortalece su voluntad y aplasta la manipulación emocional.

Expresa verdadera humildad, paz interior, firmeza, seguridad y gran capacidad para ir y conseguir sus metas y propósitos. Tener siempre la certeza es la negación de la dada, un amplio control consiente del entendimiento que nos permite avanzar a otros niveles de expansión y evolución.

Proyección astral, acceso celestial mas allá de la lógica humana, visitar nuestra conciencia nos permite ver quien realmente somos; el símbolo del orden y el equilibrio; la dualidad que debe enfrentar todo hombre, La gran visión interior, espiritual y material la verdadera realidad de la realización, el camino, la plenitud, el saber ser, la verdad que se comprueba con la experiencia vivida.

EL CAMINO PUEDE SER DE
SUFRIMIENTO O FELICIDAD, DEPENDE
CUANTO SE VALORE EL
APRENDIZAJE.
TODO LO QUE VEMOS SE JUNTA
TODO LO QUE NO VEMOS
SE ORGANIZA.
CUANDO ENTIENDO LA RAZON
DESARROLLO TODOS MIS PODERES
ESPIRITUALES Y TERRENALES.

EL HOMBRE Y SU CONEXION

La experiencia hace la enseñanza, la enseñanza hace al hombre, el hombre se hace hombre cuando más allá de entender comprende y asume su proceso de enseñanza, abre todas sus capacidades al proceso, es receptivo en aceptar y reconocer que todo cuanto se vive es necesario para crecer y evolucionar. Sabe que el proceso de la vida le permite al hombre equivocarse para experimentar los resultados.

Termina de pie pensando, hablando y actuando en perfecta conexión con la inteligencia superior, gestando en su interior a su alrededor, en su aquí y ahora; absolutamente todo lo necesario para dar pasos firmes hacia lógicas y criterios de transformación.
Experimentando un estado constante de gran capacidad para crear y vivir la vida que quiere vivir.

El hombre "que sabe lo que sabe" no compite con nadie porque nadie Puede competir con él. No desafía lo incierto lo supera, deja a un lado el miedo y la incredulidad. Y teniendo el control total de su mente y de su vida, se mueve en perfecto contacto con el proceso evolutivo de la vida.

Comprende que al ser honesto tiene derecho al bienestar y a la expansión total. Y no acepta manipulaciones. El hombre "que sabe lo que sabe" su voluntad no conoce límites, no tiene más que hablar, todos los elementos oyen su voz, obedecen gustosamente su voluntad y en un momento todo es hecho.

SI ENCUENTRAS EN EL CAMINO UN
HOMBRE QUE SABE, NO TE QUEDES
CALLADO, NO HABLES POR HABLAR.

El principio masculino, con potencialidad y poder para crear en su mente la imagen necesaria para orientarse.

El intelecto que almacena compara y analiza.

Mi proceso espiritual masculino vibrando a frecuencias elevadas, en perfecta conexión con mi cuerpo físico el planeta tierra y la honestidad. Puerta de entrada a niveles de mayor armonía, fuerzas, conocimientos y felicidad.

Solo quien es honesto, sabe hacer silencio, le corresponde escuchar la verdad y aprende a construir una voluntad inquebrantable.

Permanentemente en guardia y desarrollando mayor equilibrio y capacidad.

Expreso todo mi potencial masculino, voy tras mis metas, objetivo y los consigo.......

GRACIAS PLANETA TIERRA

Ser De Luz

EL ORIGEN DEL TODO

INFINITO, el origen del todo, donde nace la vida, la luz, la sabiduría. Genuina sustancia poseedora del poder que da y provee esencia e inteligencia

EL INFINITO TRANSMITE.......

EL UNIVERSO, posee la virtud de expandir el conocimiento superior en toda forma de vida y elementos de la atmosfera y tierra. Capacitando todo intelecto a la comprensión total de una evolutiva misión existencial.

EL UNIVERSO TRANSMITE.......

EL COSMOS, deja fluir en energía universal la realización de cada uno de nuestros pensamientos, formando en nuestro campo áurico y astral energía. Conduciéndonos individualmente al éxito o al fracaso.

Aprendamos a hacer silencio a razonar y así transitar un solo camino estable de vida, creciendo en todo sentido.

EL COSMOS, NUESTRO YO SUPERIOR E INTERIOR VIBRANDO EN FRECUENCIAS ELEVADAS TRANSMITE.......

SILENCIO.....SILENCIO.....SILENCIO.......
MAESTROS DE LA CONCIENCIA INFINITA QUE ATRAVES DE USTEDES SE CALLE TODA LA TIERRA.......
QUE FLUYA EL MENSAJE SUPERIOR.......

EL CIELO Y EL INFIERNO

El cielo es la obra de: Los más respetables hombres y mujeres llenos de cortesía, serenidad, los que con gran capacidad y determinación saben encontrarse con su verdadero ser en el silencio interno, expresando conducta intachable frente al proceso de la ley evolutiva.

El infierno es la obra de: Los pedantes, los prepotentes, los que odian, los que intrigan, los incapaces de demostrar sentimientos verdaderos.

Los que dicen la verdad según su conveniencia.

Los que rinden culto a mediocres creencias atribuyéndose poderes que no les pertenece, desarrollando un instinto perverso que disfruta y solo crece cuando ve el fracaso de los demás.

Los que no les interesa volverse consientes de la realidad del conocimiento superior, porque significaría no poder seguir teniendo el dominio sobre todos aquellos de frágil equilibrio psicológico, sometiéndolos a través del miedo y la sugestión.

Los que con pobres ideologías no saben más que vivir simplemente y conseguirlo todo en la vida sea como sea, irrespetándose a sí mismos, y lo que es peor aun irrespetando al proceso existencial que rige gesta la vida, la inteligencia en el planeta y el universo, desde su gran trono de justicia y conciencia superior.

Libre Albedrio o Libertad Humana.......?
Cuál es el Origen, Cual es el Límite.......?

La inquietud, la curiosidad, el poder, la ambición, el conocimiento, pueden convertirse en la humillación del hombre o en los más grandes logros y descubrimientos en su paso por la vida.

Compañeros del planeta tierra: Somos infinitos dentro de un límite de piel. El origen nuestros deseos, el limite, la realización.

Y el silencio, dice lo que dice, siempre lo correcto.

YA ES EL TIEMPO

Y todo aquello que no provee paz, riqueza, expansión, prosperidad y que pretende alterar los procesos existenciales mediante la manipulación emocional la sugestión y el miedo; regresa a su punto de partida y pobre ya es la mente, la entidad y el lugar que lo ha gestado o creado. Hacemos referencia a los mal llamados núcleos de poder espiritismo, magia y santería.

Llego el momento del orden y el equilibrio. Compañeros del planeta tierra, ya no hay más tiempo, no hay distancia, no hay limitación. Un reino profundo de conciencia superior el planeta tierra, sus cuatro elementos y la energía que lo gobierna con todo rigor y propiedad responder, se expresan y se manifiestan.

Sean consientes un gran número de ustedes están perdiendo de manera lenta pero segura la maravillosa oportunidad de vivir una vida digna, prospera y evolutiva. Aceptando patrones morales y creencias como ciertas sin ningún cuestionamiento, desconociendo el llamado de la jerarquía espiritual que rodea a la madre tierra.

¿Creen ustedes realmente que todo aquello que pretende infringir las leyes universales únicas guiadas y establecidas por "DIOS" a través de la invocación de espíritus de manifestación media atrapados en un bajo astral, por demás mediocres, pueden ofrecerles un criterio amplio expansivo y solido de lo que es verdaderamente la evolución existencial?

El alto orden de sabiduría universal, dimensión que impulsa el proceso de la evolución. Confirman, que de continuar así, el aire que se atreven a respirar será cada vez más limitado.

Mensaje que se transmite fuera de las leyes mentales ordinarias.

SEAN HONESTOS, HAGAN SILENCIO Y PODRAN ESCUCHAR EL MENSAJE SUPERIOR.

MI PASADO

La suma de todos mis ayeres forman mi pasado, que se proyectan en el presente como el resultado de todas mis decisiones, buenas y erradas son las que hoy me dan la gran capacidad para entender y reconocer el porqué de todos mis procesos y caminos transitados.

Los recuerdos están grabados en mi mente, en algunos soy niño en otros quizás un poco más grande.

Lo cierto es que hoy mis estados de conciencia lo iluminan todo con gran emoción, intuición e inspiración todos representan el despertar.

El despertar de la conciencia adquirida que sale a buscar otros conocimientos en otras dimensiones, generando un sitio donde aprendo el significado del amor, de la evolución y potencializo todas mis fuerzas internas, gracias a la existencia del miedo, de los errores y de los fracasos.

Aquí y ahora la energía positiva del todo , el infinito , el universo , el cosmos , las estrellas , la luna , el sol , los planetas , las galaxias , mentes supremas , conciencia universal.

Todo el proceso existencial que gobierna gesta la vida y el conocimiento.......

CUIDAN DE MÍ.......
ME ALINEO, ME SINTONIZO CON

Lugares más allá del plano físico y metafísico, donde todo está vivo, todo vibra, todo se mueve, nada está quieto, todo está en movimiento.

ASUMO QUE TODO REGISTRO DEL PASADO EN MI MENTE, HA SIDO GUARDADO Y SOLO SIRVE PARA APRENDER NO PARA PERTURBARME.

GRACIAS UNIVERSO BRILLANTE.

SER PADRE

No existe un manual para ser padre, es un proceso que va mucho más allá de querer o entender, el único camino que me conduce a la comprensión de mi misión como padre es el silencio. Cuando estoy solo y puedo visitar y palpar ese sentimiento enorme de amor que me impulsa a gestar en todas mis capacidades como hombre, padre, amigo y ser humano; soluciones amorosas para poder seguir sosteniéndoles el mundo y nunca dejarlos caer.

Quizás para ellos nunca sean las mejores soluciones, pero son las que puedo brindar según mis capacidades, algún día ya no estarán más conmigo, deberé respetar sus decisiones y sus procesos de vida; confiar en su intuición y en todo lo bueno o malo que pude influir como padre y amigo, en sus sentidos, carácter, sentimientos y personalidad.

La vida me ha permitido ser padre, no sé si el mejor o el peor mis hijos lo describirán, pero desde lo más profundo de mis sentimientos, agradezco a "DIOS" a la vida y a mis hijos la maravillosa oportunidad de poder.......

SER PAPÁ

Al momento de mi
partida
solo abandonare mi
cuerpo.
Retirandome a digerir mi
alimento espiritual y al
sumergime en la
conciencia infinita.
Lo unico que
llevare siempre conmigo
seran mis virtudes,
defectos, aprendizajes.
alegrias
y mis enormes deseos
de amar y ser amado.
Solo eso llevare en el
equipaje de mi
conciencia
que me acompañaran en
mi largo viaje por el
universo
continuando la gran
aventura que es vivir
y donde quiera que este,
aplastar la soledad
encontrando mi
recompensa.

POBRES RICOS

Son todos aquellos seres que ven la evolución como único beneficio para obtener bienes materiales. Lo que muchos y muchas consideran que es todo, pero la única verdad es que en lo más profundo del ser existe un hueco, un vacio más grande que el espacio ocupado y el ambiente habitado.

Caminan y perciben lo que sus sentidos y emociones logran asimilar, no ven más allá de lo que tienen ante sus ojos. De oír y no escuchar ya que no lo escuchan en su verdadera expresión y dimensión del buen entendimiento, su capacidad física de los cinco sentidos no reacciona, ni motivan las fibras más sensibles al crecimiento espiritual.

Nacer, crecer y morir triste historia del ser humano atrapado en afanes de ir y venir carente de conciencia espiritual y más lejos aun, la paz en su interior, la armonía y transparencia en sus palabras y pensamientos imposibles de encontrar en el trajín diario y acciones de su existencia, rutina común y corriente que no le permite derribar ni sacar de sus creencias y convicciones los criterios herrados y torcidos. Criterio que solo satisface, necesidades y curiosidades de su propio ser; girando en un laberinto sin fin ni salida.

Vinculado o atrapado con alguna estirpe de uno que otro astrólogo, cartomántico, quiromántico, espiritismo y santería . Queriendo someter las leyes de la naturaleza y de la creación a sus caprichos, mal gastando energía vital de crecimiento.

Acciones y creencias propias de seres ignorantes. Seres ignorantes de la energía y poder que ha dado forma, vida, esencia, conciencia e inteligencia al cuerpo que habitan y al planeta creado. Cuerpo y creación en el que a través del cual viven se mueven y son. Autoridad que representa el origen de la vida y la existencia "DIOS".

G.A.D.U.... La dimensión del conocimiento divino; lo cual implica verdad, camino y vida, preparación espiritual sólida y auténtica. Pisos y criterios de altura que fluyen desde los más altos templos de luz, desde el universo; centro de expansión, energía y poder. La gran mina y fuente inagotable que permitirá ahondar y profundizar más y más hasta llegar a percibir sentir y experimentar en carne propia espíritu y verdad, la divinidad del universo el verdadero poder la gloria de "DIOS".

Esta es la verdadera expansión de todos los sentidos en la inteligencia del ser humano, la comprensión de una misión existencial evolutiva y ascendente.

Compañeros del planeta tierra somos seres espirituales de un inmenso poder y potencial, habitando un cuerpo físico. Todo está dentro de nosotros, nada está en otro lugar.

Recuerden aquello que dice: Obtener grandes avances en lo tecnológico y en lo profesional, no es garantía de similar avance en lo ético y en lo espiritual.

Aprendamos a hacer silencio y nuestro yo superior e interior dejará fluir de manera muy sabia el mensaje superior.

ES LA NATURALEZA DE TODO SER HUMANO QUERER ESTAR BIEN EN TODO SENTIDO Y ESTA FELICIDAD ES BUSCADA AFANOSAMENTE, PERO SOLO EN LA EXPRESION DE PENSAMIENTOS Y SENTIMIENTOS POSITIVOS SE ABREN LAS OPCIONES DE UN BUEN PORVENIR Y SE PUEDE LOGRAR LA APERTURA DE GRANDES CONOCIMIENTOS.

DESPEDIDA

He escrito y presento este pequeño trabajo, con total responsabilidad y conciencia. Ya que he podido verificar información almacenada en mis estados de conciencia de vidas pasadas, y ahora al permitírseme encarnar un cuerpo físico, a través de los años y experiencias vividas, en un amplio control consiente de toda mi potencialidad como ser pensante; accedo a la visión cósmica que me fue presentada desde mi primera inhalación de aire.

Visión cósmica que ha venido en progreso y que me ha permitido alcanzar un aceptable grado o nivel de desarrollo evolutivo. Todos formamos parte de este planeta e incluso respiramos el mismo aire, pero vibramos en diferentes niveles de conciencia y frecuencias espirituales.

Yo soy ANTONIO RUIZ guiado y orientado por seres de un inmenso poder y potencial, que vibran en elevadas frecuencias espirituales, con lógicas y conceptos que trascienden limites y razonamientos jamás alcanzados por la mente del hombre. Hoy accesibles en las profundas verdades de la conciencia universal, seres relacionados con la energía jerárquica, que da provee vida y conocimiento, y con la aprobación de esos seres estoy autorizado a dirigirme al planeta tierra y sus habitantes.

La realidad que abarca al planeta es una, en muchos de sus habitantes un nivel de conciencia carente de luz y respeto, por el planeta, por la vida y hasta por sí mismos. Despertemos, es el llamado que nos hace la jerarquía espiritual de la madre tierra

¿MIREN A SU ALREDEDOR, LES PARECE QUE TODO ESTA CORRECTO?

El mensaje está muy claro, y es para quienes quieran entenderlo, solo basta hacer silencio, respirar profundamente; y en un estado de verdadera expresión y dimensión del buen entendimiento asumir y comprender nuestra misión existencial.

www.ingramcontent.com/pod-product-compliance
Lightning Source LLC
Chambersburg PA
CBHW041759040426
42447CB00001B/18